LITTERATEUR
I write, therefore I am

目錄
Contents

太宰治

「生而為人，我很抱歉。」

1909年6月19日—1948年6月13日

太宰治人物關係圖

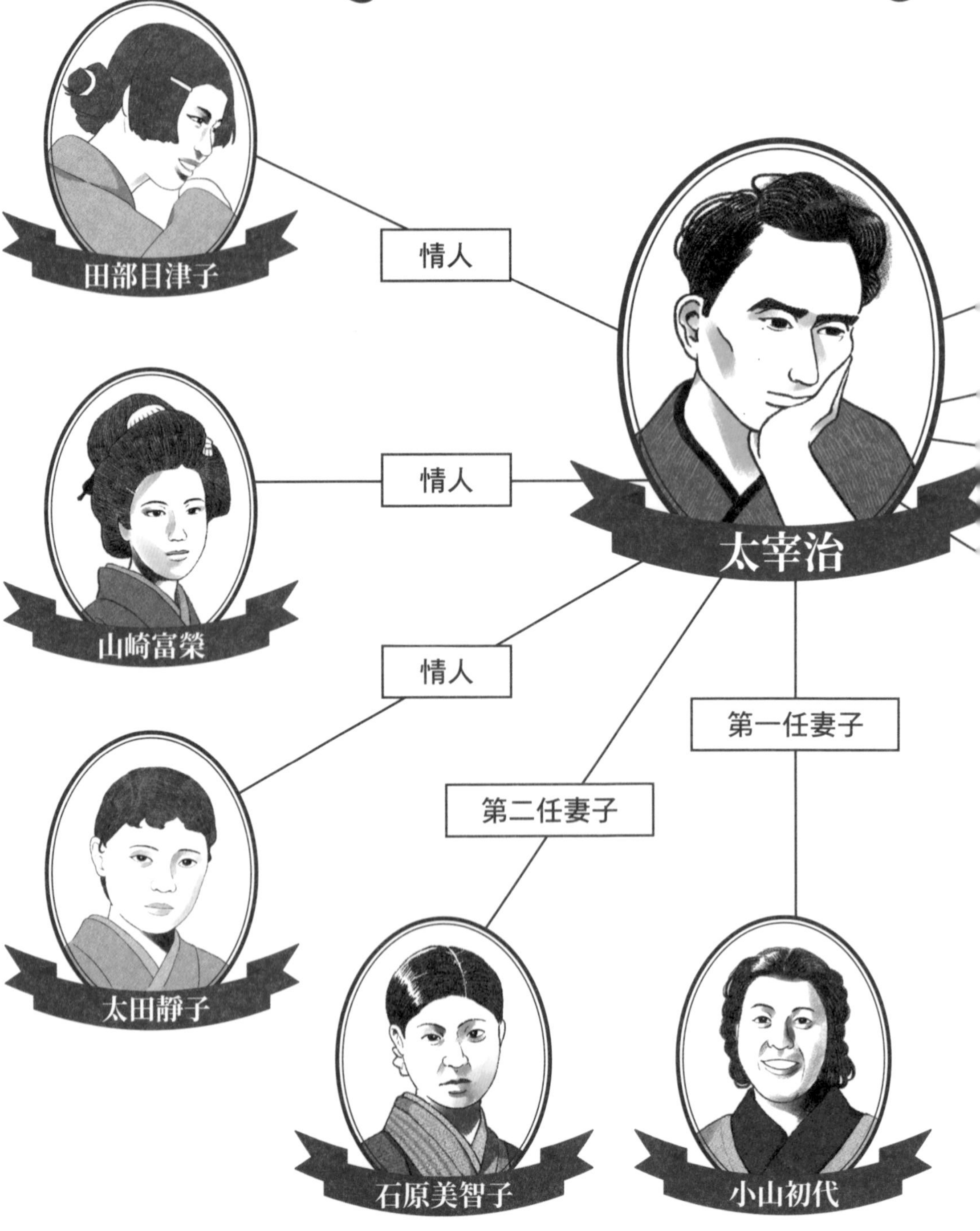

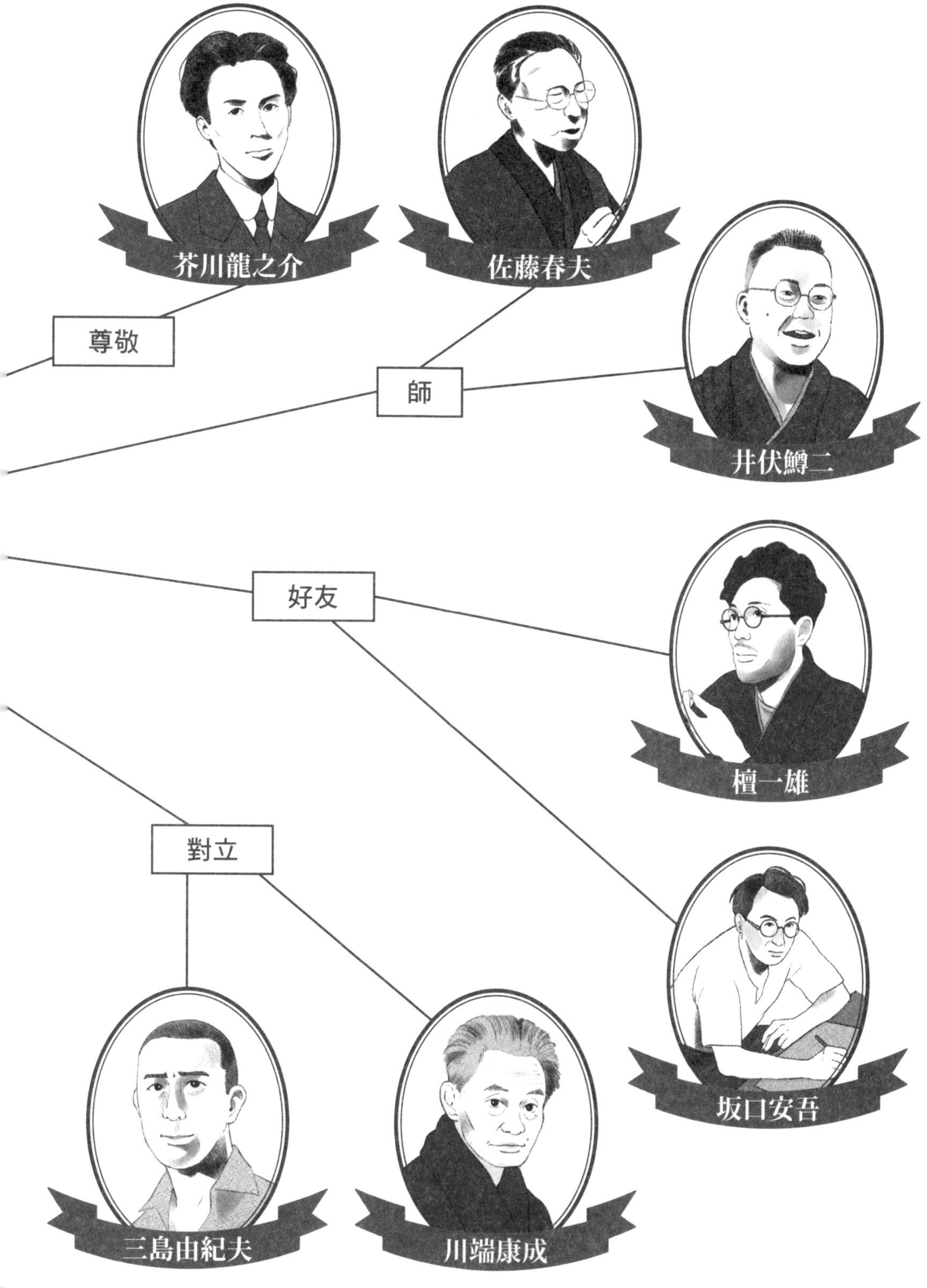
芥川龍之介
佐藤春夫
尊敬
師
井伏鱒二
好友
檀一雄
對立
坂口安吾
三島由紀夫
川端康成

無賴頹廢文豪

太宰治

【だざいおさむ】

絶望するな。では、失敬。

不要絕望，在此告辭。

——《津輕》

作家檔案

太宰治，出生豪門之家，從小體弱敏感，一生致力文學，由於作品多呈現頹喪、消極、浪蕩的風格，因此有「東洋頹廢派旗手」的稱號，與川端康成、三島由紀夫，合稱為日本戰後三大家，其文學對後世的影響甚大，是日本文壇無可取代的作家。主要作品為《人間失格》、《斜陽》、《維榮之妻》等。

戀愛

太宰治長相俊秀、家境富裕，女人緣極佳，一生被女人們圍繞的他，有過兩次婚姻，婚後也外遇不斷，還生下孩子。最後於 39 歲時投水自盡，結束其頹喪的一生。

趣聞

太宰治視芥川龍之介為偶像，不但模仿其文風、拍照姿勢，更在筆記本上寫滿芥川的名字，而中學時期創立的文學同人誌《蜃氣樓》，也來自芥川的同名小說。

生卒年

明治 42 年（1909）～
昭和 23 年（1948）

出生地

青森縣北津輕郡金木村
（現青森縣五所川原市）

職業

小說家

文學派系

無賴派

頹廢文豪傳奇一生

© 田村茂 ,Wikimedia Commons

太宰治，出生於日本青森的大地主家庭，家世顯赫。說他是豪門子弟、含著金湯匙出生，一點也不為過，太宰治的父親津島源右衛門是松木家入贅的女婿，也是縣議員、眾議院議員、貴族院議員，並經營銀行與鐵路。太宰治在十一位兄弟姊妹中排行第十，為家中的六男。

雖為貴族出身，但他從小並沒有感受到家庭的溫暖，尤其缺乏母愛。由於父親為當地的政要人物，對他相當嚴格，儘管渴望母親的呵護，卻因母親體弱多病，無法親自撫養孩子，他一直由姑母及保母「阿竹」照顧帶大。他在《回憶》中寫道：「我父親是個非常忙碌的人，所以他很少在家……我從小喝奶媽的奶水，並在姑母的懷裡長大，直到小學二三年級之前，對母親根本沒有印象。」這樣的成長背景讓太宰治的心思比起同齡人更加細膩敏感，愛的缺憾與抑鬱反映在他作品中的字裡行間。

✧ 求學階段大起大落

太宰治從小天資聰穎，被譽為「創校以來的秀才」，儘管以第一名的優異成績自小學畢業，卻因身體虛弱，加上父親為了加強其學業能力，讓他去別的小學多念一年書。比別人晚一年才入學青森中學的太宰治，下定決心將五年的正規課程提早一年修畢，為此他拼了命地念書，同時也開始對文學產生興趣，和同學共同創辦同人誌《星座》、《蜃氣樓》，從此步上創作之路。十七歲那年，他暗戀家中的侍女多紀，而這段註定沒有結果的戀情，後來成為他的出道作品《回憶》的主要內容。

©Wikimedia Commons
▲ 中學時期的太宰治

十八歲就讀弘前高中時，十分喜愛泉鏡花及芥川龍之介的作品，並崇尚左翼運動，十九歲時，深受無產階級文學影響，創刊同人誌《細胞文藝》，揭發老家津島家的階級生活，開始以「辻島眾二」、「小菅銀吉」的筆名發表作品。自此太宰治的人生經歷了一連串的起起落落，還多次自殺未遂，也接二連三與心愛的女人們殉情。

二十一歲時，僅僅因為憧憬法國文學，而在不懂法文的情況下進入東京帝國大學法文系，師從井伏鱒二，但因參與非法的左翼運動，沉溺酒色而荒廢學業，留級多次，最終無法畢業。二十三歲那年，他向青森警察局自首，被拘留一個月後，脫離了左翼運動。二十四歲時首次以太宰治為筆名發表《列車》。二十六歲時因盲腸炎併發腹膜炎，在醫院接受治療時，使用麻醉劑止痛，染上藥癮。爾後以《逆行》、《晚年》分別入圍二次芥川賞，最終雙雙落選。此時期的太宰治陷入前所未有的貧窮、疾病之苦，然而他的創作靈感並沒有因此一蹶不振，反而以極其強悍的筆觸，激發出曠世巨作《二十一世紀旗手》。

© 林忠彥 ,Wikimedia Commons
▲1946 年，在銀座酒吧 Lupin

✧ 三十而立，邁入創作高峰期

©Yoshiaki Watanabe, Wikimedia Commons

三十而立之年，是太宰治創作生涯最旺盛的年代，《跑吧！美樂斯》、《女生徒》、《富嶽百景》、《葉櫻與魔笛》都在此時問世，更以《女生徒》獲得北村透谷文學賞。但隨著太平洋戰爭爆發，太宰治被迫徵召加入國家的「文學報國會」，然而即便在戰爭時期，太宰治的創作靈感還是源源不絕，他在這時期寫過《越級上訴》和拍案叫絕的翻案作品《御伽草紙》，這兩部成熟又感性的作品，展現了他細膩又敏感的內心及性格。

二戰時期的日本作家，在日本軍方嚴格地控管言論和思想下，想要盡情發揮文筆確實有困難度，因此他們的作品和言論，只能拐彎抹角或隱喻地闡述，小心翼翼地著墨一切，倘若真的暢所欲言，可能就得付出慘痛的代價，而身處戰火之下的太宰治，其創作也或多或少受到時代的綑綁和束縛。隨著戰爭邁入尾聲，太宰治曾寫下：「我是自由人，我是無賴派，我反抗束縛。我嘲笑自以為趕上了潮流而滿臉志得意滿的傢伙！」為日後日本文壇無賴派的誕生奠定了基礎。

二戰結束後，身體虛弱的太宰治健康更加惡化，不過他的文采卻沒有因為病情而跟著軟弱無力，紙上的他依舊意氣風發，或許他知道自己來日不多，將重心都放在創作上，《斜陽》、《櫻桃》、《維榮之妻》、《人間失格》等經典作品，都是他告別人世前不久所完成的。1948 年，與情人山崎富榮投河自盡，結束短暫的三十九年生命。

認識無賴派

無賴派，又稱新戲作派，為日本第二次世界大戰後所出現的新文學流派，他們主張反對傳統、權威與道德，這樣獨樹一格、別具特色的思想，顛覆了許多人的想像，主要代表作家有太宰治、坂口安吾、織田作之助、田中英光……等。

無賴派並未形成緊密的文學團體，他們之中有些人其實互不認識，而是指戰後那些擁有相同理念的作家統稱。他們用筆來批判當時混亂動盪的社會，文風頹廢虛無、消極厭世，充分體現了戰後人們生存的窘境和無望，這樣的反叛精神影響了許多迷惘的青年，可說是日本文學史上最為特別的文學流派。

跨界大銀幕及漫畫

太宰治有不少作品被改編為電影、電視動畫、舞台劇、漫畫……等，近年最讓人印象深刻的是在他冥誕 110 周年的 2019 年，由日本攝影天后蜷川實花執導拍攝了電影《人間失格：太宰治和他的女人》，超華麗的演員陣容，包括飾演太宰治的小栗旬及飾演他三位女人的宮澤理惠、澤尻英龍華、二階堂富美，都讓這部改編之作未演先轟動，而電影一上映也創下極佳的票房！另外，恐怖漫畫大師伊藤潤二也改編過《人間失格》，漫畫中以不同方式描繪主角大庭葉藏從小對人懷有恐懼的性格，以第三人稱的角度來表現大庭葉藏的經歷，堪稱絕妙之作。

一生求死五次終於如願

太宰治死時年僅三十九歲，他的一生共自殺過五次，其中有三次與情人殉情，自殺彷彿成為他生命的一部分。一說太宰治的自殺啟蒙於他喜愛的作家芥川龍之介，也有一說是太宰治飽受抑鬱症的折磨，進而頻頻走上絕路。

第 1 次自殺

1927 年受到芥川龍之介吞安眠藥自殺的刺激，加上投身左翼運動，清楚地意識自家大地主身分來自於剝削農民，深感歉疚，對於自己顯赫的家世，十分苦惱，於偶像自殺的兩年後，年僅二十歲的太宰治也仿效吞了安眠藥自殺，被友人發現救回一命。

第 2 次自殺

二十一歲時，家人對太宰治參與左翼運動，加上有意娶藝妓小山初代為妻，非常不滿。遭到家族除籍的太宰治，因小山返回家鄉，不在身邊，備感寂寞與不安。其後，便與咖啡店服務生田部目津子服藥投海殉情，被漁夫救起。

第 3 次自殺

1935 年，時值二十六歲的太宰治，因大學畢業的希望落空，加上報考新聞記者失敗，絕望之餘，前往鎌倉的後山上吊自殺，因繩索斷裂，得以獲救。沒多久發表了小說《狂言之神》，描寫他企圖自縊時的狀態。

第 4 次自殺

1937 年，與妻子小山初代至群馬谷川溫泉附近殉情，卻因服的藥量不足，雙雙被救回，最後離婚收場，結束了這段苦戀。太宰治前往東京，進入創作停滯期。

第 5 次自殺

隨著肺結核的惡化，身體非常虛弱的太宰治感到疲憊，時常吐血。1948 年，與情婦山崎富榮投水殉情，為三十九年璀璨又荒唐的放浪人生，畫下了充滿謎樣的句點。

關於太宰治自殺的真相，我們不得而知，綜觀其一生，或許真如他在《人間失格》所寫：「人為什麼一定要活著不可呢？」

膽小鬼連幸福都會懼怕。
連碰到棉花都會受傷。
有時也會被幸福所傷。

弱虫は、
幸福をさえおそれるものです。
綿で怪我をするんです。
幸福に傷つけられる事もあるんです。

太宰治和他的女人

我知道有人是愛我的，
但我似乎缺乏愛人的能力。

小山初代——最美也最痛的初戀

©Wikimedia Commons

太宰治十八歲時，在老家認識了藝妓小山初代，開始交往，甚至為了留在她身邊，拒絕到心愛的法國留學。二十一歲那年，兩人私奔至東京，太宰治的兄長甚為憤怒，儘管同意他與小山初代結婚，但條件是必須從津島家戶籍除名，太宰治從此斷了經濟來源，淪為窮困潦倒、無家可歸的大學生。

與太宰治的傳奇人生相比，小山初代與他不相上下，是個命運多舛的女人。1936 年，太宰治因藥物成癮被送至醫院治療期間，小山初代與人有染，察覺此事的太宰治內心痛苦糾結，逼迫小山初代與他殉情未遂。隔年，兩人分手，太宰治進入創作停滯期，小山初代則返回家鄉青森幫忙賣魚，而後顛沛流離多處，最後病逝於中國青島。

1938 年，太宰治以《姥捨》復出文壇，將自己及前妻化身為主人翁，描述兩人殉情的過程，以及失敗後的如釋重負，更在文中提到：「我愛著這個女人，愛得不知道如何是好，而這女人也是我苦惱的根源。」

對太宰治來說，小山初代是一生無法忘卻的情緣，他筆下的女性角色有不少都充滿了小山初代的影子。回憶起小山初代時，在他死後出版的《如是我聞》中，就曾寫到：「為了這女人，我吃盡苦頭，但我不後悔。」太宰治這番話，顯示了他對愛情的犧牲奉獻，即使同歸於盡也在所不惜。

關係	情感	相處時間	相關作品	殉情
第一任妻子	雙方愛戀 互相出軌	1927～1937 年 太宰治 18～28 歲	《姥捨》	1937 年 第四次

田部目津子——同病相憐的禁忌之愛

©Wikimedia Commons

1930 年，太宰治二十一歲時，就讀東大法文系期間，認識了銀座咖啡店的服務生田部目津子，他們才短短同居三天，就一起到鎌倉海邊吞服安眠藥跳海殉情，但太宰治最後獨自獲救，被送進位於七里濱的惠風園療養所進行勒戒治療，而情人田部目津子卻溺死了。

這起事件在當時引來多方撻伐不諒解，太宰治更因此被冠上「協助他人自殺」的罪名，後來靠兄長幫忙證明他原本就一心求死，才成功將此罪撤銷控訴。雖然太宰治並無罪行，但他因情人之死充滿了愧咎，更加堅定他之後求死的決心。

太宰治以此素材創作小說《小丑之花》，主角大庭葉藏與《人間失格》主角同名，故事描述大庭葉藏殉情自殺未遂後，在療養院和來探望的朋友、同學等身邊人們互動所發生的事情。

文中寫到「臨死之際，我們彼此，好像在想截然不同的事。」當時的太宰治，身邊早有小山初代，而田部則與一位渴望成為舞台演員的青年同居。與其說是為愛殉情，倒不如說是對生存感到絕望的兩人，在偶然的機下相遇，彼此互相吸引，進而同赴生死吧！

關係	情感	相處時間	相關作品	殉情
情人	同病相憐	1930 年 太宰治 21 歲	《小丑之花》	1930 年 第二次

石原美知子——成就對方的無悔之愛

©Wikimedia Commons

太宰治三十歲時，由恩師井伏鱒二作媒，與高校老師石原美知子結婚，兩人生了三個孩子，更將妻兒帶回老家，與原本決裂的家族恢復關係。此時期的太宰治，生活趨於穩定，內心最為踏實安定，因此能發揮所長，寫出各式各樣風格的作品，如《奔跑吧！美樂斯》、《御伽草紙》、《越級申訴》、《女生徒》等，是他一生中極少有的明快時光。但即使遇到這樣寬容的女性，玩世不恭的太宰治依舊無法得到真正的幸福。

面對丈夫抽菸、酗酒，四處拈花惹草，美知子仍是不離不棄，為太宰治堅守著這個家。擁有傳統婦女美德的美知子曾說：「我嫁的不是一般男人，而是一位藝術家，為了他的創作之路，我會全力支持他。」她甘願犧牲自己作為女人、母親的一切，只為成就太宰治，讓他寫出更偉大的作品。

若沒有美知子的溫柔付出，太宰治也許不會成為如此厲害的作家。而太宰治寫的《維榮之妻》，書中無怨無悔的妻子宛如美知子的寫照，包容丈夫的頹廢自私，這也顯示了太宰治內心對妻子的愧疚感。太宰治去世三十年後，美知子於 1978 年出版《回憶太宰治》，從書中可以發現，他默默地支持著缺乏生活能力的丈夫。晚年，因心臟衰竭去世，享年 85 歲。

關係	情感	相處時間	相關作品	自殺
第二任妻子	互相扶持	1938～1948 年 太宰治 29～39 歲	《維榮之妻》	無

太田靜子——各取所需的迷戀之愛

©Wikimedia Commons

出身於醫生世家的太田靜子，曾有過一段不幸且短暫的婚姻，孩子出生不久即夭折，之後離婚回到娘家。1941 年，與太宰治相識後，深受其文采吸引，希望與他生孩子。立志成為作家的靜子曾說：「人就是為了愛情和革命而生。」她無視世俗眼光和一切規範，她要的是一段轟轟烈烈的愛情，即使顛覆道德也在所不惜。

1947 年 1 月，靜子前往太宰治在三鷹的工作室。太宰治提出想看靜子的日記，作為新作品的題材，靜子則回答說：「如果你到下曾我村來，我就給你看。」2 月，太宰治依約造訪，靜子也如願以償懷孕。5 月，面對懷有自己孩子的情婦，太宰治顯得生疏冷漠，心碎的靜子只好黯然離開，兩人從此再也沒有見過面。11 月，靜子生下了女兒太田治子，太宰治特地立書承認為自己的親生孩子。

而拿到日記的太宰治，開始提筆寫《斜陽》，12 月一出版即成為當時的暢銷書，書中女主角的原型就是靜子。太宰治離世後，靜子也重新把自己的日記整理成《斜陽日記》出版，一圓她的作家之夢。兩年後再度以《憐我歌》闖蕩文壇，描寫他與太宰治的愛情故事，反應不如預期。之後，便以廚師和宿舍管理員的工作維生，將女兒治子撫養長大。晚年，太田靜子因罹患肝癌離世，享年 69 歲。

關係	情感	相處時間	相關作品	自殺
情人	崇拜太宰治	1941 ～ 1947 年 太宰治 32 ～ 38 歲	《斜陽》	無

山崎富榮——同赴生死的佔有之愛

©Wikimedia Commons

出生於東京的山崎富榮與太宰治一樣，擁有顯赫的家世背景，父親為日本第一所美容學校的創辦人，在父親栽培下接受菁英教育長大，學習英文和戲劇。晚年太宰治因罹患肺結核，身體狀況逐漸變差，都是山崎在一旁細心照料，並將太宰治的文學成就推向最高峰，催生出不朽名作《人間失格》。

1947 年，太宰治撰寫《斜陽》時，兩人偶然於路邊攤相識，儘管相差十歲，卻很快地就墜入情網。當時的山崎其實是有夫之婦，新婚不久，丈夫就遠赴戰場，杳無音訊。某天，接到丈夫戰死沙場的通知後，決定奮不顧身與太宰治談一場到死為止的戀愛。這樣一位魔性之女，得知太田靜子生下太宰治的女兒後，大受衝擊，以死要脅太宰治不得再見靜子，一個人徹底地將太宰治占為己有。

1948 年 6 月 13 日雨夜，兩人用山崎的和服腰帶綁在一起，於三鷹的玉川上水岸邊投河自盡。太宰治留給妻子的遺書中滿是歉意，最後仍不忘深情告白說：「我再也寫不出小說了，我最愛的還是妳。」而得年 28 歲的山崎富榮留給父親的遺書則寫著：「對不起，我一個人先幸福地死去了。」

關係	情感	相處時間	相關作品	殉情
情人	單方佔有	1947～1948 年 太宰治 38～39 歲	無	1948 年 第五次

太宰治和其文友

太宰治的文友為數眾多，
以下將介紹太宰治與當時文壇的互動狀況。

井伏鱒二——亦師亦友的恩師

©Wikimedia Commons

太宰治十四歲時，在雜誌上讀到井伏鱒二所發表的文章《山椒魚》，令他興奮莫名，直覺他是日本文壇遭埋沒的天才。更在高中二年級時，邀請井伏為自己創辦的同人誌《細胞文藝》執筆。後來，太宰治到東京就讀大學時，開始出入井伏家，尊井伏為師。

由於太宰治與老家關係疏遠，井伏受太宰治兄長所託，十分關照太宰治的生活，不僅擔任他與家族之間聯絡的橋梁，勸導太宰治進入醫院治療麻藥上癮，為太宰治的婚姻牽線，也時常給予物質上的幫助。在太宰治因二戰猛烈空襲，舉家疏散到故鄉津輕時，兩人也不忘以書信連絡，井伏還特別叮嚀太宰治跟老家相處的應對進退。

另外，太宰治脫序的行徑，也讓井伏頭痛。例如，太宰治為了反擊志賀直哉的批評，動筆寫下《如是我聞》回嗆，以及太宰治晚年混亂的感情問題，井伏都曾多次規勸，要太宰治加以收斂。

不過兩人亦師亦友的關係，卻在太宰治閱讀到井伏所寫的《藥屋的雛妻》生變，認為井伏利用自己創作了小說，從此便逐漸疏遠了。而太宰治也在遺書中寫下「井伏是惡人」這樣的字眼。井伏對此則回應，太宰面對喜歡的對象時，會採取「逆說」方式來表達。

檀一雄——私交甚篤的摯友

© 朝日新聞社 ,Wikimedia Commons

檀一雄，是太宰治一生中最重要的文友之一，兩人相識於東京大學，私交甚篤，被友人戲謔地稱作太宰治的小跟班，甚至曾被太宰治邀請一同自殺。有次兩人喝多了，躺在房間裡打開了瓦斯，雙雙昏睡過去，幸好中途檀一雄醒了過來，關掉瓦斯，自殺未果。

檀一雄，除了被稱為「最後的無賴派」作家外，更是日本文壇首屈一指的料理達人，著有《檀式料理》等書，深厚的廚藝造詣可見一斑。於太宰治逝世後，出版《小說太宰治》、《太宰與安吾》，追憶友人生前之姿。

根據《小說太宰治》記述，1936 年 12 月檀一雄受太宰治妻子小山初代之託，帶上往返交通費及住宿費前往熱海給太宰治，未料這筆錢卻被兩人花光了，無力支付太宰治欠下的酒錢、住宿費。無計可施之下，太宰治將檀一雄作為人質留在旅館，隻身到東京找菊池寬借錢。

由於等了好多天，遲遲未見太宰治歸來，檀一雄只得尷尬地在酒家老闆的押送之下，回到東京尋找太宰治。找到太宰治時，他正在老師井伏鱒二家中悠哉地下將棋，原來太宰治先前受到井伏多方的照顧，一直苦於開口借錢的時機。太宰治對憤怒的檀一雄說：「是等待的人痛苦？還是被等待的人更痛苦？」而這個插曲，也被後人認為是促使太宰治寫下《跑吧！美樂斯》的契機。

坂口安吾——與太宰治並肩的死黨酒友

坂口安吾與太宰治同為日本「無賴派」作家，主張反對傳統、權威與道德，為戰後的文壇帶來很大的震撼，其作品更備受川端康成及三島由紀夫推崇，他曾在代表作《墮落論》大聲疾呼，唯有徹底的墮落，才能發現自我，獲得救贖。

©Wikimedia Commons

一躍成為文壇寵兒的坂口，面對暴增的工作量，開始服用安非他命維持專注力，結果罹患睡眠障礙，最後因過量服用安眠藥，造成嚴重的藥物中毒，甚至出現幻覺，不得不入院治療。這點與太宰治住院勒戒麻藥中毒，如出一轍。

坂口和太宰治不僅是文友，更是酒友。1946年11月25日，「無賴派三傑」坂口安吾、太宰治、織田作之助應邀參加現代文學座談會，會後三人前往銀座酒吧Lupin續攤暢飲，也留下了珍貴的照片，由此可見他們關係十分密切。

太宰治在玉川上水投水自殺後，坂口發表《不良少年與基督》，以自己牙痛的場景作為開端，追悼太宰治之死，字字句句鏗鏘有力，表達了對友人的思念。之後更在《太宰治殉情考》一文提到，太宰的自殺與其說是殉情，倒不如說是藝術界之人苦悶掙扎的一種表現，將太宰治的死轉移到文學藝術的追求。

太宰治與芥川賞風波

©Wikimedia Commons

▲ 芥川龍之介

芥川賞成立於 1935 年，是為了紀念芥川龍之介所設立的文學獎，對中學時代便十分仰慕芥川的太宰治而言，獲得此獎項的意義重大，能為自己帶來莫大的肯定與自我的認同，加上豐厚的獎金能為生活困頓、舉債度日的他，一解財務燃眉之急，因此無論如何都想拿下芥川賞，鬧出不少風波。

✧ 第一屆芥川賞

太宰治以《逆行》入圍第一屆芥川賞，當時的評委佐藤春夫早在太宰治尚未出名前，就已經注意到他的才華，因此形成師生關係。太宰治曾在給佐藤的信上寫到「倘若這次芥川賞過門而不入，我將再次徘徊於五里霧中。」最終無緣獲獎。

©Wikimedia Commons

▲ 佐藤春夫

評委之一川端康成表示「作者對眼下的生活充滿厭煩，很遺憾未能完全發揮其才華」激底激怒了太宰治，回應「我要殺了你！」等充滿敵意的激烈言詞，還指佐藤不守承諾。佐藤對此大感失望，說「自己現在非常憎惡太宰治。」川端則發文道歉並收回自己的評語。這場騷動，便是日本文學史上著名的「芥川賞事件」。

✧ 第二屆芥川賞

1936 年 1 月 28 日，太宰治寫信央求佐藤春夫讓他獲得第二屆芥川賞。現在這封用毛筆寫在和紙，長達 4 公尺的信件展示於佐藤春夫紀念館（和歌山縣新宮市）。內容寫道：「我會成為好的作家，不會忘記您的恩惠。」「佐藤先生，請不要忘記我。請不要見死不救！」可以看出焦急的太宰治對芥川賞的殷殷期盼。結果因為二・二六事件（日本一次失敗的兵變）導致審查中止，第二屆芥川賞從缺。

✧ 第三屆芥川賞

一反先前的態度，太宰治將自己的作品集《晚年》連同親筆信，一起寄給了曾經有過節的川端康成，他在信中寫道：「請給我希望，請給我的老母及妻子高興一下，懇求給我名譽。」完全不顧自身尊嚴，只為求得芥川賞。沒想到太宰治非但連入圍都沒有，評委會還制定了「曾經提名芥川賞的人，不得再列入候選名單」的規定。太宰治想獲得芥川賞的心願，正式宣告破滅。

©UPI,Wikimedia Commons

▲ 川端康成

「頹廢文豪」太宰治的作品，評價向來趨於兩極化，熱愛其文學風格的人，多半傾心於那直率而不羈的放蕩文風，以及勇於以毀壞自身來對抗時代及社會壓迫的風範，他的作風和文才實屬少見且難得。但是，也有些人無法接受他那種帶點負能量的思維，也對他的墮落行事和放蕩人生反感至極。太宰治的性格、事蹟和作品，從古至今，一直都是文學藝術與道德教化兩派的衝突。

跟著太宰治去旅行

來趟太宰治巡禮之旅，
一同追尋他的內心世界吧！

斜陽館（舊津島家宅邸）

斜陽館是太宰治出生前兩年，由父親津島源右衛門在1907年修建的豪宅。斜陽館為兩層樓構造，一樓以日式風格為主，共有11個房間，二樓則引進了當時最新的西洋風格，共有8間房間，主要用來招待重要客人，連同附屬建築物及庭園，占地達680坪，其華麗氣派的外觀，曾被當地人戲稱為「龍宮」。

© z tanuki, Wikimedia Commons
▲ 斜陽館外觀

1950年，斜陽館曾轉賣給當地的旅館經營者開設旅館，後來因此處被判定為日本國內的重要「有形文化財」，而後整修改建為紀念館，於1998年以「斜陽館」開始營運，也成了世界各地書迷們的朝聖之地。由倉庫改建而成的展示廳，收藏了許多太宰治相關的文物，包含常穿的披肩外套、文具用品，甚至親筆手稿，為回顧太宰治一生的珍貴場所。

© Ippukucho, Wikimedia Commons
▲1 樓的日式客廳

© Ippukucho, Wikimedia Commons

▲ 斜陽館庭院

©@yb_woodstock, Wikimedia Commons

▲ 由厚實的青森檜木打造的西式樓梯

© Ippukucho, Wikimedia Commons

▲ 位於二樓的西式房間

參觀資訊

地　　址：青森縣五所川原市金木町朝日山 412-1

營業時間：5～10 月，8：30～18：00（最後入館時間 17：30）

11～4 月，9：00～17：00（最後入館時間 16：30）

休 館 日：12 月 29 日

參觀費用：大人 600 日圓；高中、大學生 400 日圓；中小學生 250 日圓

太宰治疏散之家（舊津島家新座敷）

位於斜陽館附近的太宰治疏散之家，由太宰治的兄長文治夫婦在 1922 年建造的別館。與「斜陽館」一樣，採用日西合壁的建築，當時津島家的人稱此部分的增建為「新座敷」。

©663highland, Wikimedia Commons

©663highland, Wikimedia Commons

1945 年，為躲避東京的空襲，太宰治帶著妻兒疏散到妻子的故鄉甲府，之後妻子家也完全燒毀，於是他們又回到老家，居住在別館中，直到戰爭結束。太宰治在此完成了《潘朵拉的盒子》、《親友交歡》、《苦惱的年鑑》等作品。之後，這棟別館兩度易主，現任屋主於 2006 年對外開放，這也是太宰治以作家身分出道後所居住過的家宅中，現今唯一僅存的宅邸。

參觀資訊

地　　址：青森縣五所川原市金木町朝日山 317-9
營業時間：9：00 ～ 17：00
休 館 日：不定期公休
參觀費用：大人、高中、大學生 500 日圓；中小學生 250 日圓

蘆野公園

© 日文維基百科的あおもりくま（Aomorikuma）, Wikimedia Commons

▲ 列車緩緩駛入蘆野公園站

占地 80 公頃的蘆野公園，是日本知名的百大賞櫻名勝之一，2200 株櫻花遍佈園內湖畔，此地也是太宰治孩提時經常遊玩的地方。公園內有津輕鐵道通過，因火車行經太宰治的故鄉，特別以其作品「走れメロス」（跑吧！美樂斯）作為命名，每到櫻花季，穿梭在櫻花隧道下的火車，成為眾人目光追逐的焦點。

2009 年，為了紀念太宰治百年誕辰，公園內建造了太宰治銅像，由雕刻家中村晋也製作，高約 2 公尺的太宰治銅像披著斗篷，眺望著老家斜陽館的方向。銅像附近有座太宰治文學碑，刻有法國詩人保爾・魏爾倫詩中的一節「我有著被神選中的恍惚與不安」，文學碑最上方的不死鳥雕像，則象徵著太宰治的重生。

參觀資訊

地　　址：青森縣五所川原市金木町蘆野
營業時間：全日開放
參觀費用：免費

▲ 紅色屋頂的驛舍咖啡館 © Ippukucho, Wikimedia Commons

位於公園附近的「驛舍」，前身是津輕鐵道蘆野公園舊車站建築，後因老化改建成咖啡館。老咖啡館仍保有車站的外觀，一走進店內，彷彿置身於昭和時期的懷舊氛圍，在古色古香的建築裡品嚐當地的特產料理，如青森蘋果派、馬肉咖哩及各種飲料、咖啡，別具一番滋味。而這裡也是太宰治的小說《津輕》的故事背景之一，吸引不少讀者前來。

參觀資訊

地　　址：青森縣五所川原市金木町蘆野 84-171
營業時間：上午 10：00 ～ 17：00（最後點餐時間 16：30）
休 館 日：星期三

三鷹太宰治文學散步

太宰治出身於青森，但在 1939 年婚後不久，與妻子移居東京三鷹，在此留有許多生活軌跡，吸引不少書迷到此緬懷，締造另一處文化朝聖之地。一出三鷹車站，可見三鷹文學散步地圖，標示太宰治足跡。沿著車站外的中央通一路前行，有不少文學紀念碑，其中以太宰治作品《斜陽》初版封面和原稿雕刻鑄碑最為醒目。

✧ 禪林寺——太宰治之墓

©Doguramagura, Wikimedia Commons

太宰治投河自盡後，遺體被發現的那天，適逢太宰治的生日，加上《櫻桃》為他生前的名作，便將 6 月 19 日訂為「櫻桃忌」。此外，在太宰治九十周年冥誕，也就是 1999 年起，將當日改為「太宰治誕生祭」。

在櫻桃忌這天，許多喜愛太宰治的讀者，會來到他位於三鷹市禪林寺的墓前，擺上滿滿櫻桃、鮮花，以及各式酒類，追悼這位終生苦悶的作家。根據太宰治生前在小說《花吹雪》中展露的想望，他如願以償地被葬在作家森鷗外的墓碑對面，而一旁的津島家之墓，其妻津島美知子亦相伴永眠於此。

參觀資訊

地　　址：東京都三鷹市下連雀 4-18-20
墓地開放時間：8：00 ～日落

✧ 太宰治文學沙龍

©Daderot, Wikimedia Commons

從三鷹站步行約 3 分鐘的「太宰治文學沙龍」，原址是他曾經待過的伊勢元酒店。館內展示許多太宰治的相關資料，如親筆手稿、小說初版、照片等，更內部重現了太宰治喜愛的銀座酒吧 Lupin 的櫃檯。

©Daderot, Wikimedia Commons

太宰治文學沙龍除了收藏與展覽外，也會定期舉辦朗讀會、讀書會，以及太宰治文學之路導覽，提供給喜歡太宰治的讀者在此互動交流。

✧ 玉川上水——玉鹿石

從三鷹站沿著風的散步道直走，會看到路邊矗立一塊石碑，名為「玉鹿石」，是特地由太宰治故鄉金木町搬來，用以追思他的紀念碑。而一旁涓涓細流的小溪，稱做玉川上水，為太宰治當年投水自盡之處。

參觀資訊

{ 太宰治文學沙龍 }

地　　址：東京都三鷹市下連雀 3-16-14

營業時間：10：00 ～ 17：30

休 館 日：星期一、12 月 29 日至 1 月 4 日休

參觀費用：免費

太宰治作品賞析

過著舒適的生活時，創作絕望之詩；
過著孤獨的生活時，寫出生之喜悅。

要理解我最需要的是勇氣，這真是句好話！
我就是弗里德里希・尼采

僕を理解するには何よりも勇気が要る。いい言葉じゃないか。
僕はフリイドリッヒ・ニイチェだ。

1935年《逆行》

©Wikimedia Commons

太宰治的《逆行》為第一屆「芥川賞」的入圍作品，但最終沒能得獎，使得太宰治頗為受挫。評委之一川端康成曾批評《逆行》說：「太宰治對生活感到厭世，因此不能將才能發揮得淋漓盡致，非常可惜。」但太宰治對此反擊說：「你以為人人都像你一樣生活無憂嗎？」

《逆行》是太宰治早期的作品，全篇由〈蝶〉、〈盜賊〉、〈決鬥〉、〈小黑人〉四篇組成，從老年寫到少年，與書名相互呼應。短篇中的主角們人生際遇各不相同，他們或許不容於社會，卻都在自己的道路上踉蹌獨行。

《逆行》的首篇〈蝶〉描寫一位瀕臨死亡的25歲小說家，在臨死前看見象徵「短暫又絢爛生命」的蝴蝶，即使生命走到盡頭，依然有美好的人和事值得想念；〈盜賊〉、〈決鬥〉中荒唐的行徑，來自對現狀的不滿，想要打破什麼，卻又茫然不前；被關在籠子裡的小黑人，則讓少年看到現實的殘酷。而人生就是在極端絕望中，找到生存的希望，唯有如此，才能充滿繼續戰鬥下去的勇氣。

我本想就此了結生命。
今年正月時，有人送我一套和服，作為新年禮物。
和服的質地是亞麻的，上面還織著細細的鼠灰色條紋。
這大概是夏天穿的吧，那就姑且活到夏天吧！

死のうと思っていた。
ことしの正月、よそから着物を一反もらった。お年玉としてである。
着物の布地は麻であった。鼠色のこまかい縞目が織りこめられていた。
これは夏に着る着物であろう。夏まで生きていようと思った。

1936年《晚年》

© 藤田本太郎 ,Wikimedia Commons

▲ 高中時期的太宰治

《晚年》是太宰治初入文壇時的合集，收錄〈葉〉、〈回憶〉、〈魚服記〉、〈小丑之花〉、〈逆行〉、〈猿島〉、〈麻雀〉等四十篇作品，這些短篇作品題材多元，風格多變，充滿了青春時期的細膩敏感，表現出關於人生、家庭、朋友等不同主題的所見所聞，也映照出他動盪不安、苦悶沉鬱的內心世界。

〈回憶〉描述自己的童年及求學生活，更透露自己常常覺得被不懷好意地監看著，內心的惶恐讓他不得不偽裝起來保護自己；〈魚服記〉、〈猴島〉、〈傳奇〉寄情於寓言中，表達對掙脫束縛，邁向自由的殷切期盼；〈他不再是他〉塑造了以為是落魄文人，實為騙取他人供養的陰險小人。

《晚年》這本暢銷書再版了數次，文字中展現的頹廢、無賴風格深受喜愛，但太宰治的經濟狀況並未因此獲得改善，因為他先前治療腹膜炎時，對麻藥上癮，稿費、版稅都花費在藥物上了。

我要的並不是全世界，也不是百年的名聲，
我要的只是一朵蒲公英般的信任、一朵野茉莉葉子般的慰藉，
卻因此終我一生，任其蹉跎。

私の欲していたもの、全世界ではなかった。百年の名声でもなかった。
タンポポの花一輪の信頼が欲しくて、チサの葉いちまいのなぐさめが欲しくて、
一生を棒に振った。

1937年《二十世紀旗手》

很多人都誤以為「生而為人，我很抱歉。」這句名言出自《人間失格》一書，其實正確出處為《二十世紀旗手》。這本書在撰寫過程中，太宰治身患接近死亡邊緣的腹膜炎，再加上藥物中毒及文壇路上的不順遂，讓他非常絕望，儘管無奈且身體虛弱，但他仍說：「在萬分絕望下寫了這本書，我深信絕望的另一端充滿了希望。」

《二十世紀旗手》企圖突破傳統日本文學流派，不以「章」或「節」分段，而是分成「序唱」、「壹唱～十唱」、「終唱」，太宰治以戲劇體、獨白體、羅曼史……等獨具風格的筆法，將滿心苦澀，卻絕不輕言放棄的自己，忠實地呈現在讀者面前。

從序唱到二唱中，太宰治描述自己的著作《晚年》，遭文壇圍剿，被貶得一文不值；四唱描述他在家族中的疏離與孤獨，以及對姐姐同學萱野的戀慕；六唱到八唱，則表達出自己的原稿，就算重寫也無望的嘲諷……

即使人生到了谷底，太宰治的心中仍保有希望，他透過書寫來緩和痛苦，這種精神給予面臨危機的人們開了一扇窗，也因為細膩的字句引發內心深刻的共鳴。

我從沒一天忘記過你，就連夢中也沒嘗試過。

あなたを、一日も、いや夢にさえ、忘れたことはないのです。

1939 年《葉櫻與魔笛》

雖然太宰治最有名的是頹廢風的文學，但他也寫過「怪談」，若想進入日本文豪太宰治的異想世界裡探險，《葉櫻與魔笛》絕對是最佳入場卷，可感受到他編織故事的巧妙能力，同時也讓人發掘出不少隱藏細膩之處的寓意。

《葉櫻與魔笛》是太宰治的短篇小說，透過一位老婦人對早逝妹妹的追憶，勾勒出溫柔純真的姊妹情誼。故事描述為了安慰從未交過男友的自己，病重的妹妹悄悄地為自己寫了一些情書；姐姐無意間發現了妹妹與男人的情書，為了守護妹妹純潔無瑕的名譽，她決定保持沉默，並假裝成妹妹已分手的戀人，再次寫信給妹妹。

太宰治以特有的細膩女性視角，將相依為命的姊妹，互相愛護和嫉妒的那種暗潮洶湧的心思描繪地絲絲入扣，讓她們的不安、寂寞、憂傷，輕輕地繚繞在我們內心深處最柔軟的部分，也道盡人生的無奈與不甘。

文末，姊妹倆同時聽見的口哨聲，不僅滿足了妹妹對愛情的憧憬，也讓姊姊得到心靈的慰藉。這篇超越現實的奇思妙想，成功塑造出淒美迷離的氛圍，韻味十足，值得細細品味。

為什麼我們不能自我滿足，一生只愛自己一個呢？

なぜ私たちは、自分だけで満足し、自分だけを一生愛して行けないのだろう。

1939 年《女生徒》

© さかおり (talk),Wikimedia Commons

▲ 太宰治居住的甲府市舊址

《女生徒》是太宰治最受歡迎的代表作之一，曾榮獲第四屆「北村透谷文學賞」，更受到川端康成的讚賞：「能目睹《女生徒》這類作品，是時評家偶然的幸運。」太宰治以少女獨白的口吻，纖細地道出了女性隱藏在內心的強烈情感。

《女生徒》以太宰治忠實讀者有明淑寄來的日記為底本，加以創作而成。敘述女學生日常生活的點點滴滴，藉由少女情懷的字字句句，展現出大人世界的無奈與悲哀。獨白式的文字傳達出女性溫柔又兼具韌性的性格，每一句都觸動了女性讀者的內心深處。

故事描寫女學生一天當中對生活周遭的感觸，以青春期少女特有的細碎語氣，訴說對親人的疏離、對異性的好奇、對外表的在乎……讓人感受到密不透風的情緒。太宰治用細膩的文字表現了少女從早到晚的心境轉折，點出對未來、青春的矛盾與徬徨。

所謂誠信，絕對不會是空虛的妄想。

信実とは、決して空虚な妄想ではなかった。

1940年《跑吧！美樂斯》

©H.A.Guerber,Wikimedia Commons

《跑吧！美樂斯》改編自德國作家弗里德里希・席勒的短篇故事《人質》。暴君迪奧尼斯因濫殺無辜，惹怒了老實的牧羊人美樂斯，他暗殺暴君未遂，因而被捕。被處決前，美樂斯與國王約定寬限他三天，為妹妹籌備婚禮後再回來接受處決，國王雖然不信卻還是答應了，並安排了一連串的考驗。

最後，美樂斯依照約定履行承諾，此舉也意外改變了暴君的想法，赦免了他及被當作人質的友人，暴君甚至最後對美樂斯和友人請求：「讓我加入你們好嗎？我想成為你們的夥伴。」

在太宰治一片頹廢的文學創作中，《跑吧！美樂斯》充滿了令人動容的希望光彩，內容生動、幽默，富含人性善惡的精采思辨，儘管篇幅短小，卻意味深長。

故事中的美樂斯雖曾因力竭差點中途放棄，作為人質的友人也對美樂斯心生懷疑，卻透過一個擁抱消除了彼此的不信任。而圓滿的結局，也象徵著太宰治對真實人生的積極渴望，從自我毀滅與頹喪中走出，逐漸重新檢視自己，回顧反省過去，只要擁有信念，一切都將迎難而上。

我問你，為什麼要去旅行呢？
因為苦悶啊！

ね、なぜ旅に出るの？
苦しいからさ。

1944年《津輕》

©Yauchi,Wikimedia Commons

▲ 小說《津輕》雕像紀念館外觀

一九四四年，三十五歲的太宰治受小山書店所託，展開久違的歸鄉之旅，以所見所聞寫出《津輕》。與前幾次的短暫回鄉不同，太宰治花了三個禮拜的時間，飽覽津輕地區，一掃昔日的陰鬱，酣暢淋漓地描述了與友人吃蟹、飲酒、暢談等經歷，實為太宰治少見的明亮之作。

除了一貫的嘮叨自嘲外，更多了對家鄉故土的風情描寫，以溫潤的筆觸，寫下津輕的自然風景，也反映出太宰治心中難得的空明澄淨，引領讀者進入這片他生命中僅存的光明之地。

《津輕》不僅是旅遊隨筆，內容也參雜了大量的個人回憶，像是他對早逝父親的印象、保母阿竹給予的母愛、與好友在海邊閒晃……津輕承載了他少年時的喜怒哀樂，太宰治自然對這個地方抱著十分複雜的情感，一如他在書中自述對故鄉的評論是「愛之深，恨之切」。

太宰治從故鄉的歷史、風土中，重新認識了自己的故鄉，也在探望親戚、走訪故舊中，深度回望了自己的人生，為這趟津輕之旅畫下風和日麗的巡禮。

每個女性心中，都住著一隻毫無慈悲的兔子。
而每個男性都像那隻善良的狸貓一樣不斷沉溺。

女性にはすべて、この無慈悲な兎が一匹住んでゐるし、
男性には、あの善良な狸がいつも溺れかかつてあがいてゐる。

1945 年《御伽草紙》

©Daderot,CC0 1.0, Wikimedia Commons
▲ 太宰治與長女園子

《御伽草紙》被評為太宰治翻案作品的極致，是部撫慰人心的輕鬆之作，日文「御伽」意指大人說給小孩聽的故事，「草紙」則是較通俗、娛樂性的書，簡單來說，書名就是「故事書」的意思。

第二次世界大戰期間，日本遇到空襲，太宰治帶著孩子躲入防空洞避難，為了安撫孩子恐懼的情緒，太宰治以一位父親的角度，加上自己獨特的敘述方式，改編《浦島太郎》、《肉瘤公公》、《舌切雀》、《喀嗤喀嗤山》四篇日本經典民間故事而成，在他的闡述之下，主人翁們都變得活靈活現，真實又貼近人性。

書中幽默又嘲諷的語氣，將太宰治的無賴風格發揮得淋漓盡致，打開寶箱的浦島太郎、有著家庭隔閡的肉瘤公公、嫉妒小麻雀的老婆婆、愛上白兔的狸貓……寫活了生命中的無奈、缺陷，也映射出人生宛如一齣齣荒誕的悲喜劇。

太宰治表示「我想將《御伽草紙》這本書作為一件小玩具。好讓那些為了日本國難而奮鬥的人們，在百忙之中能得到片刻慰藉。」在動盪不安的局勢下，太宰治生花妙筆，改寫了日本經典故事，彷彿在不見天日的防空洞裡，抒發他對苦味人生一笑置之的態度。

在一年365天裡，如果有毫無煩惱的一天……不，只要有半天，就算幸福了。

人間三百六十五日、何の心配も無い日が、一日、いや半日あったら、それは仕合せな人間です。

1947 年《維榮之妻》

《維榮之妻》篇名中的維榮，指法國中世紀的著名詩人法蘭索瓦．維榮，一生浪蕩不羈，沉溺於酒色中，卻難掩文采，常被用來形容無賴、放蕩之人。而「無賴男」在太宰治的創作中算是常客，他也毫不避諱將自己投射於主人翁中，逐以「維榮」為名，寫下了這篇帶有強烈反差（妻子的堅忍對照丈夫的懦弱）的作品。

故事描述第二次世界大戰後的東京，詩人大谷酗酒欠債，成天在外廝混，還在居酒屋賴帳不還，店主只好跑到他家算帳討債，大谷的妻子佐知為了息事寧人，只好低頭到居酒屋工作，替丈夫還債收拾爛攤子，甚至遭人玷汙，卻一如往常地去上班……

在《維榮之妻》中，面對丈夫的無賴墮落，妻子佐知始終沒有一絲埋怨，相反地給予無止盡的溫柔包容。她以堅強的態度坦然正視一切，與丈夫大谷的軟弱形成了鮮明的對比，顛覆世人對男人、女人角色的認知與枷鎖。

故事結尾，妻子說了一句意味深長的話——「即使人非人又如何？只要我們活著就好了。」一語戳破堅強外表下的偽裝，展現了對生活的無奈與沉淪，也帶出人性的掙扎與矛盾，而故事裡的輕描淡寫，其實是來自主角（或是作者）最深切的抑鬱悲鳴。

幸福感這東西，會沉在淒涼的河底，像微微發光的砂金一樣。

幸福感というものは、悲哀の川の底に沈んで、
幽かに光っている砂金のようなものではなかろうか。

1947 年《斜陽》

二次世界大戰後，日本因為戰敗陷入前所未有的混亂與不安，人們長久以來所被宣揚的信仰及價值觀，在一夕之間全面崩壞，許多民眾宛如在海上迷航的船隻，喪失了原有的精神支柱，變得十分迷惘、不知所措、空虛且無助。正是在這樣的歷史背景下，太宰治的小說《斜陽》問世了。

「斜陽」指的是一抹正在下沉的夕陽，有著沒落、衰敗的意味。而日本的國旗是一輪紅日，如今這輪紅日，也象徵了太宰治對國家未來的擔憂。《斜陽》發行後，在日本獲得極大的迴響，成為當時最暢銷的書籍，更因此衍生出「斜陽族」一詞。

《斜陽》以戰後日本混亂苦悶為背景，深刻描寫沒落貴族社會地位漸趨式微，榮華不再的窘境。故事由一位貴族寡婦與離婚回娘家的女兒「和子」、戰後歸來的兒子「直治」、文學老師「上原」四人所組成，他們在動盪的社會中，各自尋找生存之道。例如：和子愛上了上原，懷了私生子決定生下來，成了他挑戰社會道德的生存之道，並藉此尋找自我價值。書中主角們的情感，藉由文字透露出無奈的悲涼感，為戰後內心焦躁不安的人們帶來了共鳴。

最後我要問。
軟弱、苦惱是罪過嗎？

最後に問う。
弱さ、苦悩は罪なりや。

1948 年《如是我聞》

© Wikimedia Commons

太宰治在《新潮》雜誌上發表了震驚文壇的《如是我聞》。他一反「氣弱」文風，辛辣地表示「誰罵我我就罵誰，這場筆戰我奉陪到底」，用詞犀利，可看作是他向文壇宣戰的獨立宣言。

在《如是我聞》中，太宰治不僅對自己作品遭受其他作家的批判做出回應，也因看不慣當時一些文壇老大的行事作風，一針見血地點出他們自以為是、惺惺作態等通病，更直接點名批評志賀直哉，全力捍衛自己的文學名聲。

對太宰治而言，他的作品都是用生命交付而成，一旦屢屢被他人以輕蔑眼光對待，豈能等閒視之？也就不難明白太宰治為何會用如此瘋狂的舉止，以筆為劍，以墨為舌進行全面反擊，為當時的文壇投下了一顆震撼彈。

太宰治去世後，志賀直哉於《太宰治之死》一文中表示，自己說的話，對當時精神與身體都比較羸弱的太宰治來說是一大負擔。無論對太宰治還是他自己，都是一件不幸的事，後悔當初對太宰治做出的批評。

我喪失了做人的資格。
我已經完全不算是一個人了。

人間、失格。
もはや、自分は、完全に、人間で無くなりました。

1948 年《人間失格》

© 福原邦展 ,Wikimedia Commons

《人間失格》為太宰治生平最後一部作品，更是極具頹廢美學的日本近代文學代表作。太宰治從 1948 年 3 月起開始執筆《人間失格》，於同年 5 月 12 日完稿。然而，他在新作品《Goodbye》仍在連載中的 6 月 13 日，與山崎富榮一起投河自盡，結束了一生。彷彿完成本書，就是他自己計畫的生命終點站。

半自傳性作品《人間失格》的主角大庭葉藏，以太宰治本人為原型，帶領讀者回顧他的一生。全書由序言、後記，以及三個手札組成，描述主人公葉藏個性敏感且脆弱，雖出身於富裕家庭，卻打從心底對自己感到羞恥，因此每一刻都過得萬分痛苦。為了逃避現實，透過酗酒、自殺、藥物等方式，麻痺自我，最終走向毀滅的過程。

書中太宰治開門見山自述「我的一生，充滿了恥辱。」欺騙自己也欺騙他人，因此他認為自己的過錯不可原諒，判定自己「失去做人的資格」。他將自己傷痕累累的靈魂全力傾注到作品中，拚死寫出唯有自己才能寫出的小說，當完成的那一刻，剩下的就只是一具燃燒殆盡的軀殼，更用生命演繹了主角的結局，為這篇故事畫下句點。

這是我對人類最後的求愛。
儘管，我對人類極度恐懼，
卻無法對人類死心。

自分の、人間に対する最後の求愛でした。
自分は、人間を極度に恐れていながら、
それでいて、人間を、
どうしても思い切れなかったらしいのです。

日本無賴派作家 太宰治年表

我這一生盡是可恥之事，
我不知道什麼才是常人的生活。

年份	年齡	居住地	主要作品	大事記
1909 年	0 歲	青森縣 北津輕郡 金木村		6 月 19 日出生於日本青森的大地主家庭，家世顯赫。父親為津島源右衛門，母親為津島夕子，十一位兄弟姊妹中排行第十，為家中六男，取名為津島修治。
1916 年	7 歲			進入金木第一尋常小學就讀。
1922 年	13 歲			以第一名的優異成績自小學畢業，後改至明治高等小學多讀一年。
1923 年	14 歲	青森市		3 月，父親去世。4 月，就讀青森縣立青森中學，寄宿於親戚家中。
1927 年	18 歲	弘前市		4 月，就讀國立弘前高中文科甲類（英語）。7 月，芥川龍之介自殺，深受打擊。9 月，結識了藝妓小山初代。
1928 年	19 歲			5 月創辦同人誌《細胞文藝》
1929 年	20 歲			對自己大地主的家庭出身，十分苦惱，服用安眠藥自殺未遂。
1930 年	21 歲	東京		就讀東京帝國大學法文系，沉迷於左翼運動。與小山初代結婚，遭到家族除籍。和咖啡店服務生田部目津子服藥投河殉情，被漁夫救起，因協助自殺遭起訴，最後無罪。
1932 年	23 歲			向青森警察局自首，拘留一個月後，脫離左翼運動。
1933 年	24 歲			首次以太宰治為筆名，發表《列車》。因大學留級，拜託兄長繼續寄生活費。
1935 年	26 歲		《逆行》	2 月，在《文藝》發表的《逆行》，入圍第一屆「芥川賞」，可惜沒有得獎。3 月，報考新聞記者落選，上吊自殺未遂。4 月，因盲腸炎併發腹膜炎，在醫院接受治療時，使用麻醉劑止痛，染上藥癮。9 月，因為未繳學費，遭大學退學。

年份	年齡	居住地	主要作品	大事記
1936 年	27 歲	東京	《晚年》	2 月，出版第一本創作集《晚年》。10 月，在恩師井伏鱒二的勸說下，進入醫院治療前一年的藥物中毒。入院期間，小山初代與他人有染。
1937 年	28 歲		《二十世紀旗手》	1 月，在《改造》雜誌發表《二十世紀旗手》。3 月，與小山初代殉情未遂，兩人分手。
1939 年	30 歲	三鷹市	《葉櫻與魔笛》 《女生徒》	1 月，由恩師井伏鱒二介紹，與石原美知子結婚。6 月，在《若草》雜誌發表《葉櫻與魔笛》。7 月，出版《女生徒》，獲第四屆北村透谷文學賞。
1940 年	31 歲		《跑吧！美樂斯》	5 月，在《新潮》雜誌發表《跑吧！美樂斯》。
1941 年	32 歲			6 月，長女園子出生。9 月，太田靜子與友人拜訪太宰治。
1942 年	33 歲			10 月，母親病重，偕妻女返鄉探望。12 月，母親去世，獨自回老家奔喪。
1944 年	35 歲		《津輕》	5 月，為了取材，前往津輕旅行。8 月，長男正樹出生。11 月出版《津輕》。
1945 年	36 歲	津輕	《御伽草紙》	4 月，為了躲避美軍戰火攻擊，舉家疏散到甲府（夫人娘家）。7 月，夫人家受空襲，燒毀，全家返回津輕老家。同年完成《御伽草紙》。
1947 年	38 歲	三鷹市	《維榮之妻》 《斜陽》	2 月，在《展望》雜誌發表《維榮之妻》。3 月次女里子出生，並與山崎富榮相識。11 月靜子生下太宰治的女兒治子。12 月，以靜子的日記為藍圖，出版《斜陽》。
1948 年	39 歲		《如是我聞》 《人間失格》	1 月，肺結核惡化。3 月在《新潮》雜誌連載《如是我聞》。5 月，寫完《人間失格》。6 月，與山崎富榮投水殉情。

國家圖書館出版品預行編目（CIP）資料

太宰治：生而為人，我很抱歉，一本讀懂日本頹廢文豪太宰治 - 初版. -- 新北市：大風文創，2021.10 面；公分

ISBN 978-986-06227-9-9（平裝）

1. 太宰治 2. 作家 3. 傳記 4. 日本

783.18　　110009098

太宰治
：生而為人，我很抱歉，一本讀懂日本頹廢文豪太宰治

主　　編／林巧玲
美　　編／楊子欣
封面設計／楊子欣
內頁設計／陳琬綾
發 行 人／張英利
出 版 者／大風文創股份有限公司
電　　話／(02)2218-0701
傳　　真／(02)2218-0704
網　　址／http://windwind.com.tw
E-Mail／rphsale@gmail.com
Facebook／http://www.facebook.com/windwindinternational
地　　址／231 台灣新北市新店區中正路 499 號 4 樓

台灣地區總經銷／聯合發行股份有限公司
電　　話／(02)2917-8022
傳　　真／(02)2915-6276
地　　址／231 新北市新店區寶橋路 235 巷 6 弄 6 號 2 樓

港澳地區總經銷／豐達出版發行有限公司
電　　話／(852)2172-6513　傳　　真／(852)2172-4355
E-Mail／cary@subseasy.com.hk
地　　址／香港柴灣永泰道 70 號柴灣工業城第二期 1805 室

初版一刷／2021 年 10 月
定　　價／新台幣 180 元